探索发现科普知识
系列丛书

宇宙博物馆

张 俊◎主编

团结出版社

图书在版编目（CIP）数据

宇宙博物馆 / 张俊主编 . -- 北京 : 团结出版社 ,2024.3
（探索发现科普知识系列丛书）

ISBN 978-7-5234-0862-9

Ⅰ . ①宇… Ⅱ . ①张… Ⅲ . ①宇宙—青少年读物
Ⅳ . ① P159-49

中国国家版本馆 CIP 数据核字 (2024) 第 055116 号

出　版：团结出版社
　　　　（北京市东城区东皇城根南街84号　邮编：100006）
电　话：（010）65228880　65244790
网　址：http://www.tjpress.com
E-mail：zb65244790@vip.163.com
经　销：全国新华书店
印　装：三河市龙大印装有限公司

开　本：170mm×240mm　　16开
印　张：6
字　数：70千字
版　次：2024年3月第1版
印　次：2024年3月第1次印刷

书　号：978-7-5234-0862-9
定　价：215.00元（全12册）

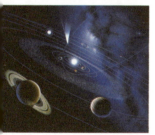

前 言
PREFACE

　　从诞生之日起，人类对宇宙的想象就已经存在了。但是，直到 1957 年世界上第一颗人造地球卫星发射升空，才开启了人类探索地球外层空间的新时代。

　　宇宙是一个广阔无垠的星球世界，它在空间上无边无际、时间上无始无终。它包容着一切、蕴含着万物，地球在其中也只不过是沧海一粟。尽管如此，人类对太空的探索并没有停止，从银河系到太阳系，从伽利略用望远镜观察夜空到牛顿发现万有引力，从爱因斯坦的"狭义相对论"到 1961 年人类首次进入太空，无数人耗尽了生命、穷尽了智慧。

其实，当我们从小小的地球飞向太空，神秘的黑洞、恒星的生命周期、冰冻的行星、太阳风暴、超新星爆炸及神秘的暗物质就已经在等待我们了。而这只是宇宙中的一小部分，想要揭开宇宙的奥秘需要一场漫长的太空之旅。

目录
CONTENTS

part 3　宇宙家族

part 4　太阳系家族谱

part 5　河外星系

part 6　宇宙中的隐士

part 7　探索宇宙奥秘的工具

part 8　天文与地理

part 1

人类对宇宙的懵懂猜想

宇宙博物馆

"宇宙"的名字是怎么来的?

我们现在一说到"宇宙"就能明白这个词指什么,但它是如何被确定用来表述那无限的空间和时间的呢?

"宇宙"在汉语中是这样解释的:"宇"代表上下四方,即所有的空间;"宙"代表古往今来,即所有的时间,所以"宇宙"这个词有"所有的时间和空间"的意思。把"宇宙"的概念与时间、空间联系在一起,体现了我国古代人民的智慧。单从字面上看,我们的祖先就非常了不起,他们已能将时间独立于空间来思考,而过了上千年人们才想出了四维空间这个概念。

今天我们用维度这个词来解释空间的概念,它可能很大,延伸得很远,能直接显露出来;它也可能很小,蜷缩了,很难看出来。水管比较粗大,绕着管子的那一维很容易看到。假如管子很细——像一根头发丝或毛细血管那样细,要看那蜷缩的维可就不那么容易了。在最

▶无数的星系组成了浩瀚的宇宙

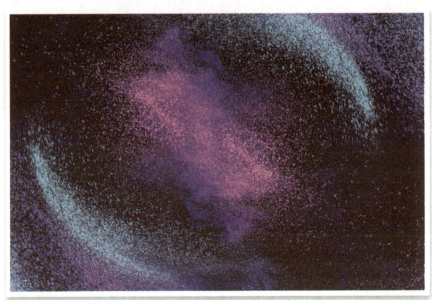

微小的尺度上，科学家也已证明，我们宇宙的空间结构既有延展的维，也有蜷缩的维。

知识链接

四维空间

一维是线，二维是面，三维是立体空间，四维是弯曲空间（就是宇宙）。当然这只是一种说法，并不是说第四维就是宇宙。零维是点，没有长、宽、高。一维是由无数的点组成的一条线，只有长度，没有宽、高。二维是由无数的线组成的面，有长、宽，没有高。三维是由无数的面组成的体，有长、宽、高。维可以理解成方向。因为人的眼睛只能看到一维、二维、三维，而四维以上很难解释。正如一个智力正常，先天只有一只眼睛、一只耳朵的人（这样就没有双眼效应和双耳效应），他就很难理解距离，甚至可能认为这个世界是二维的。

地心说的宇宙观是怎样的？

古时的人生活在地球上，感觉不到地球的运动，但却可以看到太阳升起来、落下去，于是就认为地球是不动的。古希腊哲学家亚里士多德最早提出了地心说，他认为宇宙的运动是由上帝推动的。他说，宇宙是一个有限的球体，分为天地两层，地球位于宇宙中心，所以日月围绕地球运行，物体总是落向地面。地球之外有9个等距天层，由里到外的排列次序是：月球天、水星天、金星天、太阳天、火星天、木星天、土星天、恒星天和原动力天，此外空无一物。各个天层自己不会动，上帝推动了恒星天层，恒星天层带动了所有的天层运动。人居住的地球，静静地屹立在宇宙的中心。托勒密全面继承了亚里士多

▶ 地球曾被认为是宇宙的中心

德的地心说，并利用前人积累和自己长期观测得到的数据，把亚里士多德的9层天扩大为11层，把原动力天改为晶莹天，又往外添加了最高天和净火天。托勒密设想，各行星都绕着一个较小的圆周运动，而每个圆的圆心则在以地球为中心的圆周上运动。他把绕地球的那个圆叫"均轮"，每个小圆叫"本轮"。托勒密这个不反映宇宙实际结构的数学图景，却较为完满地解释了当时观测到的行星运动情况，并取得了在航海上的实用价值，从而被人们广为信奉。

知识链接

亚里士多德

　　亚里士多德（前384—前322），古希腊斯塔吉拉人，世界古代史上最伟大的哲学家、科学家和教育家之一。亚里士多德是柏拉图的学生，亚历山大的老师。公元前335年，他在雅典办了一所叫吕克昂的学园，他的学派被称为逍遥学派。马克思曾称亚里士多德是古希腊哲学家中最博学的人物，恩格斯称他是"古代的黑格尔"。作为一位最伟大的、百科全书式的科学家，他对哲学的几乎每个学科都做出了贡献。他的写作涉及伦理学、形而上学、心理学、经济学、神学、政治学、修辞学、自然科学、教育学、诗歌、风俗，以及雅典宪法。亚里士多德一句著名的名言是：求知是人的本能。

日心说是怎样解释宇宙的？

对于人类来说，巨大的地球空间使他们无法感受到地球在运动，但人却可以发现太阳、月亮及其他星体的升起与落下，这样他们只能以自己所在的位置来思考宇宙，地心说的宇宙观就以此为依据。我们现在已经知道地心说中的本轮、均轮模型，是托勒密根据有限的观察资料拼凑出来的，他人为地规定本轮、均轮的大小及行星运行速度，才使这个模型和实测结果取得一致。但是，到了中世纪后期，随着观察仪器的不断改进，对于行星位置和运动的测量越来越精确，观测到的行星实际位置同这个模型的计算结果的偏差就逐渐显露出来了。

▶人类肉眼一般很难看到太阳黑子

到了 16 世纪，哥白尼发现托勒密的这些"轮子"模型无法解释一些天体运行问题。哥白尼想用"现代"（16 世纪的）技术来改进托勒密的测量结果，希望能取消一些小轨道。在近 20 年的时间里，哥白尼不辞辛劳日夜测量行星的位置，但其测量获得的结果仍然与托勒密的天体运行模式没有多少差别。

哥白尼想知道，如果在另一个运行着的行星上观察这些行星的运行情况会是什么样的。基于这种设想，哥白尼萌发了一个念头：假如地球在运行中，那么这些行星的运行看上去会是什么情况呢？这一设想在他脑海里变得清晰起来了。

接下来的一年里，哥白尼在不同的时间、不同的距离从地球上观察行星，每一个行星的情况都不相同，这时他意识到地球不可能位于行星轨道的中心。

经过多年的观测，哥白尼发现唯独太阳的周年变化不明显。这意味着地球和太阳的距离始终没有改变。如果地球不是宇宙的中心，那么宇宙的中心就是太阳。他立刻想到如果把太阳放在宇宙的中心位置，那么地球就该绕着太阳运行。这就是哥白尼伟大的"日心说"。

知识链接

哥白尼

尼古拉·哥白尼（1473—1543），文艺复兴时期波兰数学家、天文学家。1473年出生于波兰，通晓多国语言，了解经典文学，做过执政官、外交官，也是一名经济学家。40岁时提出了"日心说"，并经过长年的观察和计算完成了伟大著作《天体运行论》。哥白尼的"日心说"沉重地打击了教会的宇宙观，是唯物主义和唯心主义斗争的伟大胜利。他用毕生的精力去研究天文学，为后世留下了宝贵的遗产。1543年5月24日哥白尼在弗龙堡辞世，遗骨于2010年5月22日在波兰弗龙堡大教堂重新下葬。

伽利略对认识宇宙有什么贡献？

▶ 伽利略

伽利略是意大利物理学家、天文学家和哲学家，近代实验科学的先驱者。其成就包括改进望远镜和其所带来的天文观测方式，以及支持哥白尼的日心说。当时，人们争相传颂："哥伦布发现了新大陆，伽利略发现了新宇宙。"史蒂芬·霍金说："自然科学的诞生要归功于伽利略，他这方面的功劳大概无人能及。"

伽利略是利用望远镜观测天体取得大量成果的第一位科学家。这些成果包括：发现月球表面凹凸不平，木星有四个卫星（现称伽利略卫星），太阳黑子和太阳的自转，金星、木星的盈亏现象，以及银河由无数恒星组成等。他用实验证实了哥白尼的"地动说"，彻底否定了统治千余年的亚里士多德和托勒密的"天动说"。

知识链接

史蒂芬·霍金

斯蒂芬·威廉·霍金（1942—2018），英国著名物理学家和宇宙学家，被誉为继爱因斯坦之后最杰出的理论物理学家。肌肉萎缩性侧索硬化症患者，全身瘫痪，不能发音。霍金的主要研究领域是宇宙论和黑洞，证明了广义相对论的奇性定理和黑洞面积定理，提出了黑洞蒸发现象和无边界的霍金宇宙模型，在统一20世纪物理学的两大基础理论——爱因斯坦创立的相对论和普朗克创立的量子力学方面走出了重要一步。

太阳系的概念是由谁提出来的？

天文学家哥白尼在 1543 年发表的《天体运行论》中提出了日心体系，即"日心地动说"。通过实践的检验，日心地动说逐渐得到公认和发展。17 世纪初，伽利略用望远镜发现了木星的四个卫星，观测到金星的盈亏等。接着，德国天文学家开普勒分析了第谷·布拉赫的大量观测资料，提出行星运动三定律。17 世纪80 年代，牛顿发现万有引力定律，从理论上阐明了行星绕太阳运动的规律。18 世纪初，英国天文学家哈雷计算了许多彗星的轨道，

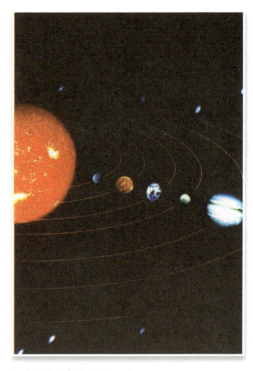

▶ 太阳系分布演示图

成功地预言了哈雷彗星在 1758 年年初的再次出现。1781 年 F.W. 赫歇耳发现天王星，后来又发现天王星的卫星。1846 年在用天体力学方法推算的位置附近找到了海王星，1930 年又发现了冥王星，此后，又发现更多的卫星。19 世纪以来，发现了许多小行星。

18 世纪 50 年代和 90 年代，康德和拉普拉斯各自提出了太阳系起源的星云假说，认为太阳系有其形成发展的历史，在宇宙万物不变这种僵化的自然观上打开了缺口。这是继"日心地动说"之后又一重大进步，从此，太阳系起源便成为一个著名的科学问题。

part 2

发现一个秩序宇宙

现代宇宙研究主要包含哪些内容?

今天的人类可以看到更深、更广阔的宇宙,而人类的伟大就在于了解得越多就越感觉自己更近于无知,这就需要更深入的研究与探索。今天我们说到的宇宙,决不再是亚里士多德时代对于宇宙的定义,它包含了更多的含义。

现今对于宇宙的定义是:宇宙是由空间、时间、物质和能量所构成的统一体,是一切空间和时间的总和。一般理解的宇宙指我们所存在的一个时空连续系统,包括其间的所有物质、能量和事件。对于这一体系的整体解释就是宇宙论。

几个世纪以来,科学家根据现代物理学和天文学,建立了关于宇宙的现代科学理论,称为物理宇宙学。根据相对论,信息的传播速度有限,因此在某些情况下,如在发生宇宙膨胀的情况下,对于距离我们非常遥远的区域,我们将只能收到一小部分区域的信息,其他部分的信息将永远无法传播到我们的区域。可以被我们观测到的时空部分称为"可观测宇宙""可见宇宙"或"我们的宇宙"。宇宙大约是由 4% 的普通物质、23% 的暗物质和 73% 的暗能量构成的,而我们所能看到的不过是宇宙少之又少的一部分。

知识链接

宇宙论

宇宙论是研究宇宙的大尺度结构和演化的学科。当我们观测遥远的太空深处时,也就是在沿着时间上溯。我们所看到的那些最远的星系,是很久以前当它们发出的光开始其漫长的太空旅行时的面貌。既然庞大的星系曾经都是年轻的,那么宇宙结构如何产生的问题就同宇宙论不可分割地联系在一起。研究宇宙中可观测的结构(从巨大的星系团到太阳系)的起源属于天体演化学的领域。有待查明的根本问题包括:宇宙是何时和怎样发端的,星系是如何形成并获得我们观测到的形态及尺度分布的,恒星是如何诞生的,行星和生命是如何演化的,等等。

相对论是一种什么理论？

　　今天人们对宇宙的了解完全要归功于爱因斯坦，他的相对论是现今最好的解释宇宙的一个理论。那么这个相对论到底是什么呢？相对论是关于时空和引力的基本理论，依据研究的对象不同分为狭义相对论和广义相对论。爱因斯坦第一个提出了时空的概念，同时提出了速度对时空的影响。在经典物理学中，时间是绝对的，它一直充当着不同于三个空间坐标的独立角色。爱因斯坦的相对论把时间与空间联系了起来，认为物理的现实世界是由各个事件组成的，每个事件由四个坐标来描述，即三个空间坐标加上一个时间坐标，这就是四维空间。

　　一般认为，狭义相对论与广义相对论的区别在于所讨论的问题是否涉及引力（弯曲时空），即狭义相对论只涉及那些没有引力场作用

▶ 爱因斯坦的相对论很好地解释了宇宙天体间的关系

或者引力作用可以忽略的问题，而广义相对论则是讨论有引力场作用时的物理学的。用相对论的语言来说，就是狭义相对论的背景时空是平直的，而广义相对论的背景时空则是弯曲的。随着相对论的问世，人们看到的结论就是：四维弯曲时空、有限无边宇宙、引力波、引力透镜、大爆炸宇宙学说，以及 21 世纪的主旋律——黑洞，等等。

知识链接

爱因斯坦

　　阿尔伯特·爱因斯坦（1879—1955），世界十大杰出物理学家之一，现代物理学的开创者、集大成者和奠基人。作为20世纪犹太裔理论物理学家，爱因斯坦创立了相对论——现代物理学的两大支柱之一（另一个是量子力学），其质能方程$E = mc^2$著称于世，并因为"对理论物理的贡献，特别是发现了光电效应"而获得1921年诺贝尔物理学奖。1955年4月18日，爱因斯坦因病逝世。爱因斯坦一生成就卓越，其名字已成为"天才"的代名词。

爱因斯坦是怎样解释弯曲时空的？

　　爱因斯坦的广义相对论认为，由于有物质的存在，空间和时间会发生弯曲，而引力场实际上是一个弯曲的时空。爱因斯坦用太阳引力使空间弯曲的理论，很好地解释了水星近日点进动中一直无法解释的43角秒（一个圆是360°，每一度是3600角秒）。广义相对论巧妙地解释了水星的近日点进动现象：行星在绕太阳一周之后，它在轨道上的近日点将向前运行。

　　广义相对论预言了引力红移的现象，即在强引力场中光谱向红端移动。20世纪20年代，天文学家在天文观测中证实了这一点。广义相对论还预言了引力场会使光线偏转。最靠近地球的大引力场是太阳引力场，爱因斯坦预言，遥远的星光如果掠过太阳表面将会发生1.7角秒的偏转。1919年，在英国天文学家爱丁顿的鼓动下，英国派出了两支远征队分赴两地观察日全食，经过认真的研究得出的最后结论是：星光在太阳附近的确发生了1.7角秒的偏转。

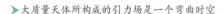

▶大质量天体所构成的引力场是一个弯曲时空

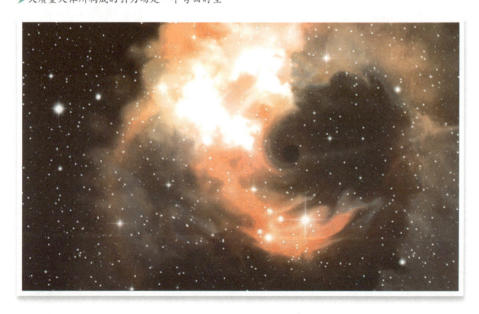

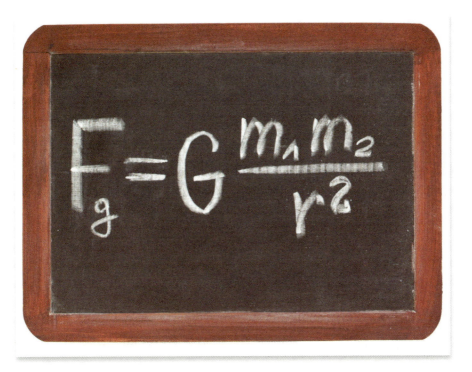

▶牛顿的万有引力定律只有在绝对时空观中才是正确的

什么是绝对时空观？

牛顿认为"绝对的、真正的和数学的时间自身在流逝着，而且由于其本性而均匀地、与任何其他外界事物无关地流逝着"，"绝对的空间，就其本性而言，是与外界任何事物无关而永远是相同的和不动的"。这就是牛顿力学的"绝对时间"和"绝对空间"。这种观点影响了人类数百年。时至今日，绝对时空观念还在影响着人类的思维方式和哲学观点，因为绝对时空世界是低速世界。简单地说，我们对外界之所以是现在的认识，就是因为我们所处的世界的速度是缓慢的，如果我们能以光速运动，那我们所感知的世界则完全不同。要想真正认识宇宙，我们就要把主观与客观的距离缩小到最小范围。

四维时空之外到底还有多少维?

　　额外维是相对于"四维时空"而提出的一个概念,一般泛指的是理论上在四维时空基础上扩展出来的其他维度。爱因斯坦提出宇宙是空间加时间组成的"四维时空"。1926 年,德国数学家、物理学家西奥多·卡鲁扎在四维时空上再添加一个空间维,也就是添加一个第五维,把爱因斯坦的相对论方程加以改写,改写后的方程可以把当时已知的两种基本力即"电磁力"和"引力"很自然地统一在同一个方程中。至此,将理论中存在的额外添加的维度统称为"额外维"。由于弦理论的时空维数为十维,所以很自然地可以认为有 6 个额外的维度需要被紧化。当对闭弦紧化时,可以发现所谓的 T– 对偶;而对开弦紧化则可以发现开弦的端点是停留在这些超曲面上的,所以这些超曲面一般被称为"D 膜"。

▶现代宇宙理论认为宇宙是多维的

▶哈勃望远镜让人类看到了遥远的过去

宇宙成长有何规律可循？

　　哈勃定律是物理宇宙论的陈述：来自遥远星系光线的红移与它们的距离成正比，即河外星系的视向退行速度与距离成正比，即距离越远，视向速度越大。这个速度—距离关系在 1929 年由美国天文学家哈勃发现，称为哈勃定律或哈勃效应。因为是在宇宙尺度上的，所以时间因素不能忽视，距离越远也就意味着时间越早。

　　哈勃定律揭示宇宙是在不断膨胀的。这种膨胀是一种全空间的均匀膨胀。因此，在任何一点的观测者都会看到完全一样的膨胀，从任何一个星系来看，一切星系都以它为中心向四面散开，越远的星系间彼此散开的速度越大。

什么力量在掌控着今天的宇宙？

1997 年 12 月，作为"大红移超新星搜索小组"的成员，哈佛大学天文学家罗伯特·基尔希纳根据超新星的变化判断，宇宙膨胀速度非但没有在自身重力下变慢，反而在一种看不见的、无人能解释的神秘力量的控制、推动下变快。人们猜测：所处的这个宇宙可能处于一种人类还不了解的还未认识的物质的控制、作用之下，这种物质具有现有的状态——固态、液态、气态、"场态"之外的另一种状态。这种物质不同于普通物质的一切属性及其存在和作用机制，这种"物质"因其绝对不同于人们所熟知的普通物质态，故而科学家为了区分它们暂且称之为"暗物质"，将其具备的作用称为"暗能量"。"暗物质"就成为当今天文学界、宇宙学界和物理学界等科学界中最大的谜团之一。而暗能量与星体相互作用形成了引力场。我们的宇宙就因为这样

▶宇宙之所以呈现现在这个样子，是暗能量在控制着

的"场"而存在着。

引力场是任一物体在空间任一点的引力影响用一个表示该点引力"强度"的数来代表的一种观念。严格来说，一个物体的引力场延伸到整个宇宙，但实际上它的影响只在它的近邻区域才是显著的。

知识链接

关于"场"的概念

在物理学里，场是一个以时空为变量的物理量，可以分为标量场、矢量场和张量场等，依据场在时空中每一点的值是标量、矢量还是张量而定。例如，经典引力场是一个矢量场；标示引力场在时空中每一点的值需要三个量，此即为引力场在每一点的引力场矢量分量。更进一步地讲，在每一范畴（标量、矢量、张量）之中，场还可以分为"经典场"和"量子场"两种，依据场的值是数字或量子算符而定。

场被认为是延伸至整个空间的，但实际上，每一个已知的场在够远的距离下，都会缩减至无法量测的程度。例如，在牛顿万有引力定律里，引力场的强度是和距离平方成反比的，因此地球的引力场会随着距离很快地变得不可测得（在宇宙的尺度之下）。

场是一个"空间里的数"，这不应该减损场在物理上具有的真实性。"场占有空间。场含有能量。场的存在排除了真正的真空。"真空中没有物质，但并不是没有场。场形成了一个"空间的状态"。

宇宙有限无边怎么理解？

以我们日常生活的尺度来看，地球已是庞然大物，但太阳的个头更是大得惊人，然而，太阳却只是银河系大家庭中的普通一员，银河系里有着千亿颗像太阳这样的恒星，要让跑得最快的"光"横穿银河系，至少也得花上 10 万年！银河系之外还有数不清的像银河系一样庞大的天体大家庭——星系。借助天文望远镜，我们目前所能观测到的宇宙大小至少超过 100 亿光年！然而，这只是宇宙的一部分，还很难确定宇宙究竟有多大。但如果我们把宇宙定义成物理上可以理解的时间和空间的总和，它却并非无限大。即使这样一个有限的宇宙，

▶宇宙有起始就有终结，虽然我们不知道它终究有多大

我们也永远找不到它的尽头在哪里，虽然有限却没有边际。这就是"宇宙无边"最基本的含义。

■ 什么叫测地线？

类似地球这样的物体并非由于称为引力的力使之沿着弯曲轨道运动，而是沿着弯曲空间中最接近于直线的被称之为测地线的轨迹运动。例如，地球的表面是一弯曲的二维空间。地球上的测地线称为大圆，是两点之间最近的路径。测地线是两个机场之间的最短程，这正是领航员叫飞行员飞

▶宇宙天体的球形特质催生了非欧几何的发展

行的航线。在广义相对论中，物体总是沿着四维时空的直线走。尽管如此，在三维空间看起来它是沿着弯曲的途径（这正如同看一架在非常多山的地面上空飞行的飞机。虽然它沿着三维空间的直线飞，在二维的地面上它的影子却是沿着一条弯曲的路径飞行）飞行。

part 3

宇宙家族

什么是天体？

　　天体，又称星体，指太空中的物体，更广泛的解释就是宇宙中的所有个体。天体的集聚，形成了各种天文状态的研究对象。如在太阳系中的太阳、行星、卫星、小行星、彗星、流星、行星际物质，银河系中的恒星、星团、星云、星际物质，以及河外星系、星系团、超星系团、星系际物质等。通过射电探测手段和空间探测手段所发现的红外源、紫外源、射电源、X射线源和γ射线源，也都是天体。人类发射并在太空中运行的人造卫星、宇宙飞船、空间实验室、月球探测器、行星探测器、行星际探测器等则被称为人造天体。

　　由于天体不是质点，具有一定的大小和形状，天体内部质点之间的相互吸引和自转离心力使得天体的形状和内部物质密度分布产生变化，同时也对天体的自转运动产生影响。天体的形状和自转理论主要是研究在万有引力作用下天体的形状和自转运动的规律。

知识链接

质　点

　　质点就是有质量但不存在体积与形状的点。在物体的大小和形状不起作用，或者所起的作用并不显著而可以忽略不计时，我们把该物体看作一个具有质量，大小和形状可以忽略不计的理想物体，称为质点。

　　理想的质点判定条件是：

　　（1）物体上所有点的运动情况都相同，可以把它看作一个质点。

　　（2）物体的大小和形状对研究问题的影响很小，可以把它看作一个质点。

　　（3）转动的物体，只要不研究其转动且符合上一条，也可看成质点。

人类如何获取外星高级生命的信息？

星际有机分子，即存在于星际空间的有机分子。星际有机分子的发现有助于人类了解星云及恒星的演变过程，同时也增大了外星生命存在的可能性，是现在天文学的分支——星际化学的基础。因此它也被誉为"20 世纪 60 年代天文学四大发现"之一。

星际有机分子的研究是三大基础理论（天体演化、生命起源与物质结构）研究的一个重要交叉点。地球到底是不是宇宙中唯一存在高级生命的天体，这个问题是不能轻易地下结论的。而是需要深入研究各种类型的星际有机分子，去获取更多、更可靠的宇宙信息。这也是宇宙化学一个重要的研究课题。通过研究宇宙物质的化学组成及其演化规律而确定组成宇宙物质的元素、同位素和分子，测定它们的含量。探明宇宙物质的化学演化，对研究天体起源和生命起源都有重要的意义，也推动了宇宙化学的发展。

▶星云间布满了有机分子

▶恒星会抛出大量气体形成星云

星云喜欢与恒星玩角色互换?

　　星云是由星际空间的气体和尘埃结合成的云雾状天体。星云里的物质密度是很低的,若拿地球上的标准来衡量的话,有些地方是真空的。可是星云的体积十分庞大,常常方圆达几十光年。所以,一般星云较太阳要重得多。

　　星云的形状多样,和恒星有着"血缘"关系。恒星抛出的气体将成为星云的一部分,星云物质在引力作用下压缩成为恒星。在一定条件下,星云和恒星是能够互相转化的。

　　最初,所有在宇宙中的云雾状天体都称作星云。后来,随着天文望远镜的发展,人们的观测水准不断提高,才把原来的星云划分为星团、星系和星云三种类型。

发射星云是被动发光？

发射星云是受到附近炽热光量的恒星激发而发光的，这些恒星所发出的紫外线会电离星云内的氢气，令它们发光。发射星云能辐射出各种不同色光的游离气体云（也就是电浆）。造成游离的原因通常是邻近恒星辐射出来的高能量光子。这些不同的发射星云有些类型在氢Ⅱ区，也就是年轻恒星诞生的场所，大质量恒星的光子是造成游离的原因；而行星状星云是垂死的恒星抛出来的外壳被暴露的高热核心加热而发生游离的。

星云的颜色取决于化学组成和发生游离的量，由于星际间的气体绝大部分是只要较低能量就能游离的氢，所以许多发射星云都是红色的。如果有更高的能量能造成其他元素的游离，那么绿色和蓝色的云气都有可能出现。经由对星云光谱的研究，天文学家可以推断星云的化学元素。大部分的发射星云含有 90% 的氢，其余的部分则是氦、氧、氮和其他元素。

▶ 发光的星云

银河系究竟有多大？

　　我们太阳系所在的银河系的年龄有多大了呢？有什么方法可以用来测定它的年龄呢？天文学家根据已知长寿命放射性核的衰变时间（即半衰期），从某些放射性中子俘获元素的丰度数据可以测定银河系中最年老恒星的年龄，从而测定出银河系的年龄，这种放射性年龄测定方法称为核纪年法。例如，钍的半衰期是 140 亿年左右。用当代最大的天文望远镜，加上高分辨率光谱仪，已经能够检测到恒星的钍，并做出相应的年龄估计。当然，这些恒星还不是银河系中最早形成的恒星。银河系中的第一代恒星具有非常大的质量，超过太阳质量的 100 倍。在这样的恒星内部，核聚变反应极其快速，甚至只持续几百万年，因此，这些最早形成的恒星已经死亡、消失了很长时间。但是，与银河系的年龄相比，由于它们的形成时间与人们今天在银河系中观测到的最年老恒星的形成时间之差完全可忽略不计，因此，可以把这些最年老恒星的年龄看作银河系的年龄。从大爆炸算起，宇宙的年龄在 138 亿年左右。假定从大爆炸到银河系形成所相隔的时间为 10 亿年，那么上述由核纪年法测定的银河系年龄与宇宙年龄是一样的。

▶太空中的一条闪亮的"河流"——银河

太阳系里都有些什么?

太阳系是以太阳为中心,所有受到太阳重力约束天体的集合体:包括 8 颗行星、至少 158 颗已知的卫星、5 颗已经辨认出来的矮行星和数以亿计的太阳系小天体。这些小天体包括小行星、柯伊伯带天体、彗星、流星体和行星际物质等。

广义上的太阳系,其领域包括太阳、4 颗类地的内行星、由许多小岩石组成的小行星带、4 颗充满气体的巨大外行星、充满冰冻的小岩石,以及在海王星轨道外,包括冥王星在内的被称为柯伊伯带的第二个小天体区。在柯伊伯带之外,还有黄道离散盘面、太阳圈和依然属于假设的奥尔特云。依照至太阳的距离,太阳系内的行星依次是水星、金星、地球、火星、木星、土星、天王星和海王星。8 颗行星中的 6 颗有天然的卫星环绕,在太阳系外侧的行星还被由尘埃和许多小颗粒构成的行星环环绕着。

▶ 太阳系全息影像图

恒星是一种什么样的天体？

恒星是由炽热气体组成、能自己发光的天体。恒星诞生于以氢为主，并且有氦和微量其他重元素的云气坍缩。太阳是离地球最近的恒星，也是地球能量的来源。白天由于有太阳照耀，无法看到其他的恒星；只有在夜晚，才能在天空中看见其他的恒星。恒星一生的大部分时间，都因为核心的核聚变而发光。核聚变所释放出的能量，从内部传输到表面，然后辐射至外太空。几乎所有比氢和氦重的元素都是在恒星的核聚变过程中产生的。恒星都是气体星球。晴朗无月的夜晚，在无光污染的地区，一般人用肉眼可以看到约6500颗恒星，借助于望远镜，则可以看到几十万乃至几百万颗。

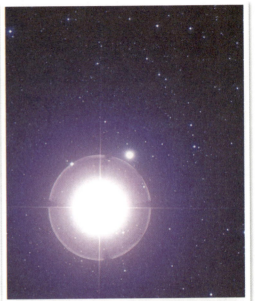

▶明亮的恒星

行星是一种怎样的天体？

行星通常指自身不发光，环绕着恒星的天体。其公转方向常与所绕恒星的自转方向相同。一般来说，行星需具有一定质量，且质量要足够大，形状要近似于圆球状，自身不能像恒星那样发生核聚变反应。如何定义行星这一概

▶ 行星是围绕恒星运动的不发光的星体

念在天文学上一直是个备受争议的问题。国际天文学联合会大会 2006 年 8 月 24 日通过了"行星"的新定义，这一定义包括以下三点：

（1）必须是围绕恒星运转的天体。

（2）质量必须足够大，以便克服固体应力以达到流体静力平衡的形状（近于球体）。

（3）必须清除轨道附近区域，公转轨道范围内不能有比它更大的天体。

知识链接

质 量

物理学中，质量是7个基本单位之一，用来表示"物体平动的惯量"和"物体对其他物体的引力大小的量度"。质量不随物体的形状和空间位置的改变而改变，是物质的基本属性之一，通常用m表示。在物理学上，质量通常指物质以下的3个在实验上证明等价的属性之一：惯性质量、主动引力质量和被动引力质量。在日常生活中，质量常常被用来表示重量，但是在科学上，这两个词表示物质不同的属性。

原行星是行星的胚胎期？

从名字上看就可以知道，原行星就是行星的初级阶段，也就是行星的胚胎时期。它的大小尺度如月球一样，应该是由千米尺度的微行星因彼此的重力相互吸引与碰撞而形成的。根据太阳星云形成的理论，原行星在轨道轻微的扰动下和因此导致的巨大撞击与碰撞下逐渐形成真正的行星。

▶ 太空望远镜捕捉到的胚胎期行星

早期的原行星有较多的放射性元素，它们的数量由于放射性衰变，会随着时间逐渐减少。来自放射线的热、撞击和重力的压力会使原行星发生局部的熔化，有助于它们增长成为行星。在熔化的区域，较重的元素会向中心下沉，较轻的元素会上升至表面。这种过程就是所知的行星分化。一些陨石的结构中显示出有些小行星也发生过分化。

主要成分是冰的巨星有哪些？

在 20 世纪 90 年代，天文学家发现天王星和海王星其实与气体巨行星不同，全因它们只有 20% 的成分是氢气，而木星和土星等气体巨行星却有高达 90% 的成分都是氢气。这些冰巨星的主要成分为"冰"，即比氢和氦更重的元素。冰巨星的表层仍然是以氢气为主，但在这范围之下的内部区域则大致呈现"冰冻"状态。冰巨星有着变化极大的大气模式，其中包括极地涡旋、强烈的纬向风和大尺度环流。现在还没有任何模型能够准确解释这些气候系统。在 2012 年 3 月，天文学家们发现，冰巨星中的水的可压缩性可能小于正常的 1/3。这个数据有助于为冰巨星建立模型，并有助于天文学家加深对它们的理解。除了天王星和海王星外，

▶天王星

太阳系外也有冰巨星的存在。冰巨星的大小比气体巨行星小，但仍然比类地行星大。冰巨星大小受到约束，源于一个重要因素：气体巨行星的形成必须比类地行星快，因为它们要防止原行星盘中的气体消散。观测年轻星团中的原行星盘发现，冰巨星必须在 3 万 ~ 10 万年之间形成，原行星盘才开始消散。天王星和海王星的磁场均异常地移位和倾斜。这些冰巨星的磁场强度介乎于气体巨行星和类地行星之间，即地球磁场强度的数十倍。天王星和海王星的磁场强度分别是地球的50 倍和 25 倍。

星星为何会有不同的颜色？

星星颜色的不同，说明它的表面温度不同。太阳光看上去是白色的，实际上由红、橙、黄、绿、青、蓝、紫七种颜色的光组成。星星的温度越高，所发出的光线中蓝光的成分就越多，看上去这颗星就呈蓝色；如果这颗星的温度很低，那它发出来的光线中红光的成分多，看上去它就是一颗红颜色的星星了。我们可以根据星星的颜色，来估计一颗恒星的表面温度大约是多少。太阳看上去是白颜色的，它的表

面温度是6000℃；织女星也发出白色光，但它发出的光比太阳光更白，它的温度也就比太阳高，差不多有10000℃；天蝎座那颗亮亮的"心宿二"，从它的火红色就可知道它的表面温度不会超过3600℃。

▶星星的颜色取决于它的温度

天上会出现未曾见过的星吗?

▶我们看到的新星其实早就存在于遥远的太空中

如果你是一位天文爱好者,并且常常观察星空,同时又很幸运,那么你也许会发现天空中突然出现一颗从未见过的星。这当然是一颗新星。我们祖先称其为"客星"。客者,陌生的客人也。客星,当然不是从别处来访的"客人",新星当然也不是新诞生的星。原来,这些星星一直就存在,只不过很暗,人们看不到。它们混在满天繁星之中,常常移动并慢慢聚集,当它们越聚越多时,往往在几天之内就可以增亮成千上万倍甚至更多,然后又会慢慢暗下去,一直恢复到爆发前的状态,人们又看不见了。过若干年后,它们还会爆发。

part 4

太阳系家族谱

▶太阳是太阳系中的"老大哥"

谁是太阳系中的"老大哥"？

在茫茫宇宙中，太阳只是一颗非常普通的恒星，在广袤浩瀚的繁星世界里，太阳的亮度、大小和物质密度都处于中等水平。只是因为它离地球较近，所以看上去是天空中最大最亮的天体。其他太阳系外恒星离我们非常遥远，即使是最近的恒星，也比太阳远 27 万倍，看上去只是一个闪烁的光点。

太阳位于银道面之北的猎户座旋臂上，距离银河系中心约30000 光年，在银道面以北约 26 光年，它一方面绕着银心以每秒250 千米的速度旋转，周期大概是 2.5 亿年，另一方面又相对于周围恒星以每秒 19.7 千米的速度朝着织女星附近的方向运动。太阳也在自转，其周期在日面赤道带约为 25 天，两极区约为 35 天。

太阳是位于太阳系中心的恒星，它几乎是热等离子体与磁场交织着的一个理想球体。太阳系中的八大行星、小行星、流星、彗星、外海王星天体以及星际尘埃等，都围绕着太阳运行。知道了日地距离，再从地球上测得太阳圆面的视角直径，从简单的三角关系就可以求出太阳的半径为 69.6 万千米，是地球半径的 109 倍。由此可以算出太阳的体积为地球的 130 万倍。天文学家根据开普勒行星运动的第三定律，利用地球的质量和它环绕太阳运转的轨道半径及周期，还可以推算出太阳的质量是地球的 33 万倍。太阳光中的能量通过光合作用等方式支持着地球上所有生物的生长，也支配了地球的气候和天气。

根据 2013 年太阳所处的主序星阶段，通过对恒星演化及宇宙年代学模型的计算机模拟，发现太阳大约已经历了 45.7 亿年。

太阳由哪些物质构成？

组成太阳的物质大多是些普通的气体，其中氢约占71%，氦约占27%，其他元素占2%。太阳从中心向外可分为热核反应区、辐射层、对流层、太阳大气层。太阳的大气层，像地球的大气层一样，可按不同的高度和不同的性质分成各个圈层，即从内向外分为光球、色球和日冕三层。我们平常看到的太阳表面，是太阳大气的最底层，温度约是5720℃。它是不透明的，因此我们不能直接看见太阳内部的结构。但是，天文学家根据物理理论和对太阳表面各种现象的研究，建立了太阳内部结构和物理状态的模型。

太阳的内部主要可以分为三层：核心区、辐射层和对流层。

太阳的核心区域半径是太阳半径的1/4，约为整个太阳质量的一半以上。太阳核心的温度极高，达到1.57×10^7℃，压力也极大，使得由氢聚变为氦的热核反应得以发生，从而释放出极大的能量。这些能量再通过辐射层和对流层中物质的传递，才得以传送到太阳光球的底部，并通过光球向外辐射出去。

太阳中心区产生的能量主要靠辐射形式传递。太阳中心区之外就是辐射层，辐射层的范围是从热核中心区顶部的0.25个太阳半径向外到0.71个太阳半径，这里的温度、密度和压力都是从内向外递减的。从体积来说，辐射层占整个太阳体积的绝大部分。

太阳内部能量向外传播除辐射外，还有对流过程。即从太阳0.71个太阳半径向外到达太阳大气层的底部，这一区间叫对流层。这一层气体性质变化很大，很不稳定，形成明显的上下对流运动。这是太阳内部结构的最外层。

▶为地球生命提供能量的太阳

什么是太阳耀斑?

　　太阳耀斑是一种剧烈的太阳活动,是太阳能量高度集中释放的过程。一般认为发生在色球层中,所以也叫"色球爆发"。其主要观测特征是,日面上(常在黑子群上空)突然出现迅速发展的亮斑闪耀,其寿命仅在几分钟到几十分钟之间,亮度上升迅速、下降较慢。特别是在太阳活动峰年,耀斑出现频繁且强度变强。除了日面局部突然增亮的现象外,耀斑更主要表现在从射电波段直到X射线的辐射通量的突然增强。耀斑所发射的辐射种类繁多,除可见光外,有紫外线、X射线和γ射线,有红外线和射电辐射,还有冲击波和高能粒子流,甚至有能量特高的宇宙射线。当耀斑辐射来到地球附近时,与大气分子发生剧烈碰撞,破坏电离层,使它失去反射无线电电波的功能。无线电通信尤其是短波通信,以及电视台、广播电台,会受到干扰甚至中断。耀斑发射的高能带电粒子流与地球高层大气作用,产生极光,并干扰地球磁场而引起磁暴。

知识链接

电离层

　　60千米以上的整个地球大气层都处于部分电离或完全电离的状态,电离层是部分电离的大气区域,完全电离的大气区域称磁层。也有人把整个电离的大气称为电离层,这样就把磁层看作是电离层的一部分。除地球外,金星、火星和木星都有电离层。电离层从离地面约50千米开始一直伸展到约1000千米高度的地球高层大气空域,其中存在相当多的自由电子和离子,能使无线电波改变传播速度,发生折射、反射和散射,产生极化面的旋转并受到不同程度的吸收。

▶太阳耀斑是一种剧烈的太阳活动

▶极光现象是太阳风作用的结果

什么是太阳风?

    太阳风是一种连续存在,来自太阳并以每秒 200 ~ 800 千米的速度运动的高速带电粒子流。这种物质虽然与地球上的空气不同,不是由气体的分子组成的,而是由更简单的比原子还小一个层次的基本粒子——质子和电子等组成的,但流动时所产生的效应与空气流动十分相似,所以称它为太阳风。太阳风使彗星形成长长的、背向太阳方向延伸的彗尾。当人们欣赏美丽的彗尾的时候就可以想象太阳风的存在。在地球高纬度地区看到的多彩的极光现象,也是进入地球磁场的太阳风粒子经加速后在地球大气中沉降产生的。

水星的"长尾巴"是什么？

水星，中国称为辰星。水星是八大行星中最小的行星，也是太阳系最内侧和最小的行星，但仍比月球大 1/3。水星是太阳系中运动最快的行星。在太阳系所有的行星中，水星有最大的轨道离心率和最小的转轴倾角，每 87.969 地球日绕行太阳一周。水星每绕轴自转 3 圈时也绕着太阳公转 2 周。在我们生活的北半球只能在凌晨或黄昏的微光中看见水星。水星太接近太阳，常常被猛烈的阳光淹没，所以望远镜很少能够仔细观察它。水星没有自然卫星。水星是个类地行星，有着与地球一样的岩石个体。水星核心含有的铁高出太阳系内任何主要的行星。水星外貌如月球，内部却很像地球，也分为壳、幔、核三层。在太阳系的八大行星中，火星、水星、地球、木星、土星都有磁场，但只有水星是太阳系类地行星中除了地球之外唯一一颗拥有显著磁场的行星（尽管如此，它的磁场强度也不到地球的 1%）。对于一颗行星来说，磁场的有无绝非小事，就拿地球磁场来说，它构成了地球上生命的保护伞，帮助抵挡有害的太阳射线和其他宇宙射线，从而造就了生命的乐园。水星上既没有水，也没有空气。水星的偶极磁场与地球的很相像，极性也相同，即水星磁场的南极在水星的北半球，其北极在南半球。

尽管水星是太阳系八大行星中最小的那颗，其引力也相应地较小，然而水星确实拥有一个稀薄的大气层。在太阳的强烈辐射轰击下，水星大气向后压缩延伸开去，在背阳处形成一个"尾巴"，就像一颗巨大的彗星。

▶水星大气会在太阳轰击下形成一个大尾巴

金星是颗叛逆的行星？

金星是太阳系八大行星之一，按离太阳由近及远的次序排列为第二颗。在中国古代又称为长庚、启明或太白（傍晚出现时称"长庚"，清晨出现时称"启明"）。公转周期是225天。夜空中亮度仅次于月球，排第二，感觉上，金星在日出稍前或者日落稍后是最明亮的时刻。金星是一颗类地行星，因为其质量与地球类似，有时也被人们叫作地球的"姐妹星"。它的磁场仅为地球的千分之一。在八大行星中，金星的轨道最接近圆形，偏心率最小，仅为0.7%。

金星的大气主要由二氧化碳组成，并含有少量的氮气。金星的

▶金星的表面

云层主要是由二氧化硫和硫酸组成的，完全覆盖整个金星表面。金星的大气压强非常大，为地球的 90 倍，相当于地球海洋中 1 千米深处的压强。如果从太阳的北极上空鸟瞰太阳系，几乎所有的行星都是以反时针方向自转的，但金星却是顺时针自转的，显示出了其与众不同的特质。

地球是一颗怎样的星球？

地球是太阳系八大行星之一，按离太阳由近及远的次序排列为第三颗。地球是太阳系的第三颗行星，也是太阳系中直径、质量和密度最大的类地行星。人类科学家已经能够重建地球过去有关的资料。太阳系的物质起源于 46 亿年前，而大约在 46 亿年前（误差约 1%），地球和太阳系内的其他行星开始在太阳星云——太阳形成后残留下来的气体与尘埃形成的圆盘状——内形成。通过吸积的过程，地球经过 1000 万～ 2000 万年的时间，大致上已经完全成型。地球提供了目前已知的唯一能够维持生命进化的环境。

地球的表面被分成几个坚硬的部分，或者叫板块，它们以地质年代为周期在地球表面移动。地球表面大约 71% 是海洋，剩下的部分被分成洲和岛屿。液态水是所有已知的生命所必需的，但并不在所有其他星球表面存在。地球的内部仍然非常活跃，有一层很厚的地幔、一个液态外核和一个固态铁构成的内核。

科学家经过长期的精密测量，发现地球并不是一个规则球体，而是一个两极部位略扁、赤道稍鼓的不规则椭圆球体，夸张地说，有点像"梨子"，称之为"梨形体"。地球会与外层空间的其他天体相互作用，包括太阳和月球，从而形成了地球上的潮汐现象，稳定了地轴的倾角，并且减慢了地球的自转。而地球外围的空气层形成了地球大气，是地球自然环境的重要组成部分之一，与人类的生存息息相关。总之，地球所有的性质与状态如果在形成过程中哪怕只有万分之一的不同，就不会有我们今天的人类。

▶地球是目前已知唯一拥有生命的星球

火星为什么是红色的？

火星是太阳系八大行星之一，是太阳系由内往外数的第四颗行星，属于类地行星，直径约为地球的一半，自转轴倾角、自转周期均与地球相近，公转一周约为地球公转时间的两倍。在西方称为"战神玛尔斯"，中国则称其为"荧惑"。火星橘红色的外表是因为表面的赤铁矿（氧化铁）。火星基本上是沙漠行星，表面沙丘、砾石遍布，没有稳定的液态水体。二氧化碳为主的大气，既稀薄又寒冷，沙尘悬浮其中，常有尘暴发生。火星两极皆由水冰与干冰组成的极冠会随着季节消长。与地球相比，地质活动较不活跃，表面地貌大部分

▶火星

于远古较活跃的时期形成，有密布的陨石坑、火山与峡谷，包括太阳系最高的山——奥林帕斯山和最大的峡谷——水手号峡谷。它的另一个独特的地形特征是南北半球的明显差别——南方是古老、充满陨石坑的高地，北方则是较年轻的平原。火星有两个天然卫星：火卫一和火卫二。火星体积约为地球的 15%，表面积相当于地球陆地面积，密度则比其他三颗类地行星要小很多。以半径、质量、表面重力来说，火星约介于地球和月球中间：火星半径约为月球的 2 倍，地球的一半；质量约为月球的 9 倍，地球的 1/9；表面重力约为月球的 2.5 倍，地球的 4/10。火星的大气密度大约只有地球的 1%，非常干燥，温度低，表面平均温度 -55℃，水和二氧化碳易冻结。在火星的早期，它与地球十分相似。像地球一样，火星上几乎所有的二氧化碳都被转化为含碳的岩石，但由于缺少地球的板块运动，火星无法使二氧化碳再次循环到它的大气中，从而无法产生意义重大的温室效应。因此，即使把它拉到与地球距太阳同等距离的位置，火星表面的温度仍比地球上的温度低得多。

木星是自己四大卫星的守护神?

▶ 木星

木星是太阳系从内向外的第五颗行星。它的质量为太阳的千分之一，但为太阳系中其他行星质量总和的2.5倍。木星与土星、天王星、海王星皆属气体行星，因此四者又合称类木行星，亦为太阳系体积最大、自转最快的行星。木星是一个巨大的液态行星，最外层是大气层。随着深度的增加，氢逐渐过渡为液态。在离木星大气云顶1万千米处，液态氢在高压和高温下成为液态金属氢。木星是天空中第四亮的星星，仅次于太阳、月球和金星（有时木星会比火星稍暗，有时却要比金星还要亮），因为木星体积巨大，反射太阳光的能力也强。木星表面有一个大红斑，位于木星赤道南部，这个大红斑其实是因为木星高表面产生的风暴而形成的。木星是太阳系中卫星数目最多的一颗行星。这些卫星连同木星一起组成了木星系，它们像一串珍珠似的围绕着主宰它们的天神——木星旋转着。木星和其他气态行星一样，表面有高速飓风，风速达每小时400千米，并被限制在狭小的纬度范围内。木星的大气层相当紊乱，这表明由于它内部的热量使得飓风在急速运动，不像地球只从太阳处获取热量。木星表面云层的多彩可能是由大气中化学成分的微妙差异及其作用造成的，其中可能混入了硫的混合物，造就了五彩缤纷的视觉效果，但是其详情仍无法知晓。宇宙飞船发回的考察结果表明，木星有较强的磁场，比地球表面磁场强得多。木星的四个大卫星都被木星的磁层所屏蔽，使之免遭太阳风的袭击。

土星周围的漂亮光环是什么？

　　土星是太阳系八大行星之一，按离太阳由近到远的顺序位列第六，体积则仅次于木星，并与木星、天王星及海王星同属气体（类木）巨星。中国古代称镇星或填星。在 1781 年发现天王星之前，人们曾认为土星是离太阳最远的行星。在望远镜中可以看到土星被一条美丽的光环围绕。土星还有数量较多的卫星，到 2012 年为止，已发现并证实的有62颗。土星磁场比地球的磁场稍弱一点；由于强度远比木星的微弱，因此土星的磁层仅延伸至土卫六轨道之外。与其他的行星一样，土星磁层会受到来自太阳的太阳风内的带电微粒影响而产生偏转。由于这颗行星表面温度较低而逃逸速度又大（35.6 千米/秒），使土星保留着几十亿年前它形成时所拥有的全部氢和氦。因此，科学家认为，研究土星的成分就等于研究太阳系形成初期的原始成分，这对于了解太阳内部活动及其演化有很大帮助。

▶拥有漂亮光环的土星

我们知道土星有一个漂亮环，而这个环最早是伽利略发现的。1610 年，伽利略观测到在土星的球状本体旁有奇怪的附属物。1659 年，荷兰学者惠更斯证实这是离开本体的光环。1675 年，意大利天文学家卡西尼发现土星光环中间有一条暗缝（后称卡西尼环缝），他还猜测光环是由无数小颗粒构成的。两个多世纪后的分光观测证实了他的猜测，但在这两百年间，土星环通常被看作一个或几个扁平的固体物质盘。直到 1856 年，英国物理学家麦克斯韦从理论上论证了土星环是无数个小卫星在土星赤道面上绕土星旋转的物质系统。科学家认为这些环缝都是土星卫星的引力共振造成的。由于土星快速自转，使得它的形状变扁，是太阳系行星中形状最扁的一个。

天王星为何躺着前行？

天王星是从太阳系由内向外的第七颗行星，其体积在太阳系中排名第三（比海王星大），质量排名第四（比海王星轻）。它在 1781 年由英国天文学家赫歇尔发现，这也是第一颗使用望远镜发现的行星。事实上，它曾经被观测到许多次，只不过当时被误认为是另一颗恒星。天王星的公转周期 84.01 年，自转周期 17.9 小时，为顺时针自转。表面温度约 -180℃。有磁场、光环和 29 颗卫星。天王星是太阳系内大气层最冷的行星，最低温度只有 -224℃。其外部的大气层具有复杂的云层结构，水在最低的云层内，而甲烷组成最高处的云层。相比较而言，天王星的内部则是由冰和岩石所构成的，但它是一颗气体巨行星。

如同其他的巨行星，天王星也有环系统、磁层和许多卫星。天王星的环系统在行星中非常独特，因为它的自转轴斜向一边，几乎就躺在公转太阳的轨道平面上，因而南极和北极也躺在其他行星的赤道位置上。从地球上看，天王星的环像是环绕着标靶的圆环，它的卫星则像环绕着钟的指针。

在至日前后时，天王星一个极点会持续地指向太阳，另一个极点则背向太阳。只有在赤道附近狭窄的区域内可以体会到迅速的日夜交替，但太阳的位置非常低，有如在地球的极区；其余地区则是长昼或长夜，没有日夜交替。运行到轨道的另一侧时，换成轴的另一极指向太阳。每一个极都会有被太阳持续地照射 42 年的极昼，而在另外 42 年则处于极夜。

▶躺着自转的天王星

海王星是被预测出来的吗?

　　海王星是环绕太阳运行的第八颗行星，是围绕太阳公转的第四大天体（直径上）。海王星在直径上小于天王星，但质量大于体积比它大的天王星，大约是地球的 17 倍，而与之类似的天王星因密度较低质量大约是地球的 14 倍。海王星在 1846 年 9 月 23 日被发现，是唯一利用数学预测而非有计划观测发现的行星。海王星是介于地球和巨行星（指木星和土星）之间的中等大小行星，它的质量是木星质量的 1/18。因为它的质量较典型类木行星小，而且密度、组成成分、内部结构也与类木行星有显著差别，因此它和天王星常常一起被归为类木行星的一个子类：冰巨星。

▶ 夜空中的海王星

因为轨道距离太阳很远，海王星从太阳得到的热量很少，所以海王星大气层顶端温度只有 −200℃，而由大气层顶端向内温度稳定上升。和天王星类似，星球内部热量的来源仍然是未知的。对其内部热源有几种解释，包括行星内核的放射热源，行星生成时吸积盘塌缩能量的散热，还有重力波对平流圈界面的扰动等。

知识链接

重力波

　　重力波是地球科学与流体力学中另一种性质迥异的波动。爱因斯坦认为重力波是一种跟电磁波一样的波动，他称之为引力波。引力波是时空曲率的扰动以行进波的形式向外传递。引力辐射则是对引力波的另外一种称呼，指的是这些波从星体或星系中辐射出来的现象。电荷被加速时会发出电磁辐射，同样有质量的物体加速时就会发出引力辐射，这是广义相对论的一项重要预言。

part 5

河外星系

仙女座有可能与银河系联姻吗?

　　仙女座星系，是离银河系最近的巨大星系。仙女座星系是一个盘状星系，是肉眼可见的最遥远天体。仙女座大星云是秋夜星空中最美丽的天体，也是第一个被证明是河外星系的天体，一般认为银河系的外观与仙女座大星系十分相像，两者共同主宰着本星系群。几颗围绕在仙女座大星系影像旁的亮星，其实是银河系里的星星。仙女座大星系又名为 M31，因为它是著名的梅西叶星团星云表中的第 31 号弥漫

宇宙博物馆

54

知识链接

光　年

　　光年是计量天体距离的一种单位。宇宙中天体间的距离非常大，如果以最常见的千米为单位计算非常麻烦，以光年为单位来计量就容易多了。光在真空中一年所经过的距离称为一个光年。光年不是时间单位。在天文学中，秒差距是另一个常用的单位，1秒差距=3.26光年。

　　1676年以前，人们普遍相信光的传播是不需要时间的。1676年，丹麦科学家罗默首先做出了光的传播需要时间的设想。1671年，罗默开始观测木星的卫星（木卫一）。他发现木星掩卫的时间（由木卫一躲到木星背对地球的一面开始到它再次出现在地球上可观测到的区域之间的时间间隔）并不是一个定值。当木星离地球较远时，掩卫过程所用的时间更长。1675年，法国的天文学家乔凡尼·多美尼科·卡西尼开始设想这种现象产生的原因可能是光的传播需要时间。然而，他在不久后就放弃了这个想法。直到18世纪上半叶，主流科学界才逐渐接受了光速有限的想法。1728年，英国天文学家詹姆斯·布拉德雷给出了另一种测量光速的方法，得出光的速度大约是301000千米/秒。1838年，德国天文学家弗里德里希·威廉·贝塞尔首先使用"光年"一词，作为天文学测量上的单位。另外，为了方便起见，科学家把地球到太阳的平均距离定义为"1天文单位"。用这个单位来度量太阳系的距离就方便多了。太阳与地球的距离为1天文单位，与水星的距离为0.4天文单位，与金星的距离为0.7天文单位，与冥王星的距离为40天文单位，等等。

▶仙女座星系

天体。弥漫的光线是由数千亿颗恒星成员共同贡献而成的。M31 的距离相当远，从它那儿发出的光需要 200 万年的时间才能到达地球。星云中的恒星可以划分成约 20 个群落，这意味着它们可能来自仙女座星系"吞噬"的较小星系。银河系和仙女座星系正在相互靠近对方，在大约 30 亿年后两者可能会碰撞，在融合的过程中将会暂时形成一个明亮的、结构复杂的混血星系。一系列恒星将被抛散，星系中大部分游离的气体也将会被压缩产生新的恒星。再过几十亿年后，星系的旋臂将会消失，两个旋涡星系将会融合成一个巨大的椭圆星系。

猎犬座可能存在着高级文明?

　　猎犬座为河外星系之一，是距离地球较近的旋涡星系。猎犬座星系位于猎犬座北面，距离我们约 1400 万光年。猎犬座星系也属于旋涡星系，从它的照片上可以明显地看到旋涡臂，这种形态显示它是在旋转着。

　　猎犬座是北天的一个小星座，17 世纪由波兰天文学家约翰·赫维留发现并命名，代表牧夫座牵的两条狗（中文称作常陈四），是三个代表狗的星座之一，其他两个是小犬座和大犬座。

　　猎犬座包含 5 个梅西叶天体。其中最著名的天体为 M51。它几乎正面对着地球，是天空中最有名的星系之一，也是最容易观测旋涡构造的星系。小型望远镜就可以看到明亮的星系核心。

　　天文学家通过观测认为，位于猎犬座旋涡星系中一颗围绕恒星运转的行星，很有可能生存着地外智慧生命。这颗类似于太阳的恒星被称为贝塔 CVn。其周围的行星看起来具有一切生命和高级文明得以发展的先决条件。这颗恒星距离地球有 26 光年。

▶猎犬座星系

麦哲伦星系陪伴着银河系?

　　银河系有两个相伴的星系，像地球的引力牵着月亮转一样，银河系也牵着这两个星系围绕自己转。这两个星系就是大、小麦哲伦云。大麦哲伦云距离地球 16 万光年，小麦哲伦云距离地球 19 万光年。它们都是距离地球最近的主要河外星系。它们转一圈要 10 亿多年。可惜它们的灿烂景观出现在南半球的夜空里，北半球的人想看到不容易。10 世纪阿拉伯人和 15 世纪葡萄牙人远航到赤道以南时，都曾注意到南天星空中这两个云雾状天体，称之为"好望角云"。葡萄牙航海家麦哲伦于 1520 年环球航行时，首次对它们做了精确描述，后来就以他的姓氏命名。麦哲伦云像我们的银河系一样，也包括气体和恒星。1912 年，美国天文学家勒维特发现小麦哲伦云的造父变星（用于测量星际和星系际的距离）的周光关系，赫茨普龙和沙普利随即测定了小麦哲伦云的距离，成为最早确认的河外星系。大、小麦哲伦云属于距离地球最近的星系之列，这使我们能周密地分析它们的成员天体，因而它们是重要的天文观测对象，也是星系天体物理资料的重要来源。

　　大麦哲伦云属矮棒旋星系或不规则星系，质量为银河系的 1/20。小麦哲伦云属不规则星系或不规则棒旋矮星系，质量只及银河系的 1/100。

▶麦哲伦星云

part 6

宇宙中的隐士

黑洞为何被称为"大胃王"？

黑洞是一个空间—时间区域，它的最外围是光所能从黑洞向外到达的最远距离，这个边界称为"事件视界"。它如同一个单向的膜，只允许物质穿过视界并落到黑洞里去，而不允许任何物质从里面出来。"黑洞"很容易让人望文生义地想象成一个"大黑窟窿"，其实不然。所谓"黑洞"，就是这样一种天体：它的引力场是如此之强，就连光也不能逃脱出来。说它"黑"，是指它就像宇宙中的无底洞，任何物质一旦掉进去，"似乎"就再不能逃出。实际上，真正的黑洞是"隐形"的。

现代物理学中的黑洞理论建立在广义相对论的基础上。由于黑洞中的光无法逃逸，所以我们无法直接观测到黑洞。然而，可以通过测量它对周围天体的作用和影响来间接观测或推测到它的存在。比如，恒星在被吸入黑洞时会在黑洞周围形成吸积气盘，盘中气体剧烈摩擦，强烈发热，而发出 X 射线。借助对这类 X 射线的观测，可以间接发现黑洞并对之进行研究。

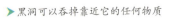

▶黑洞可以吞掉靠近它的任何物质

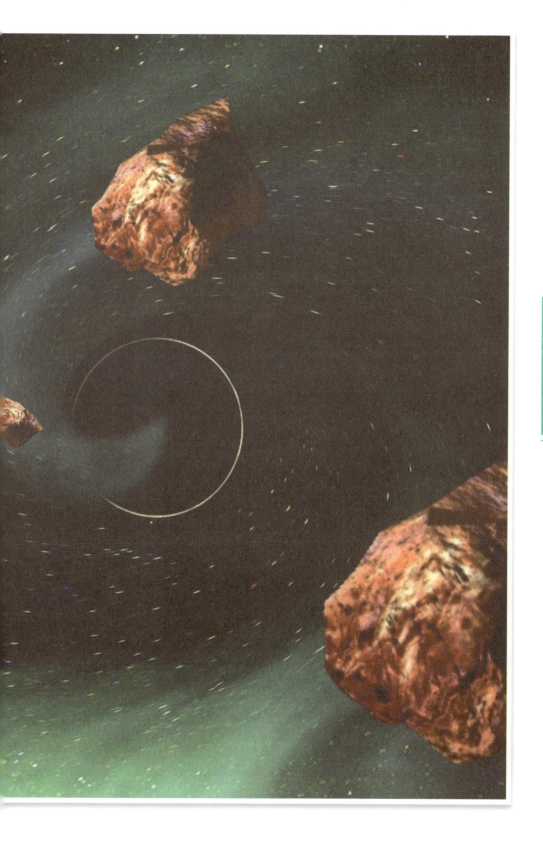

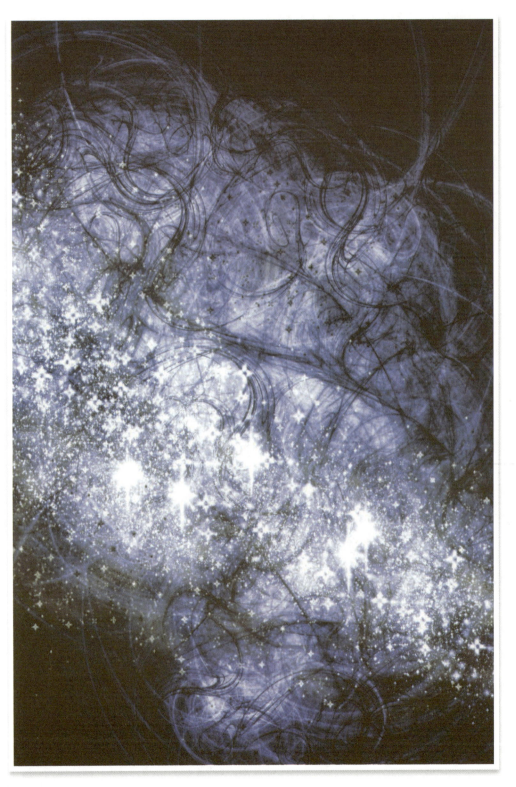

▶假想出的天体——白洞

白洞是真的存在吗?

白洞（又称白道）是广义相对论预言的一种与黑洞（又称黑道）相反的特殊"假想"天体，是大引力球对称天体的史瓦西解的一部分。当前，白洞仅仅是理论预言的天体，还没有任何证据表明白洞的存在。其性质与黑洞完全相反。同黑洞一样，白洞也有一个封闭的边界。与黑洞不同的是，白洞内部的物质（包括辐射）可以经过边界发射到外面去，而边界外的物质却不能落到白洞里面来。因此，白洞像一个超级喷泉，不断向外喷射以重粒子为主要形态表现的物质（能量）。白洞学说在天文学上主要用来解释一些高能现象。白洞是否存在，尚无观测证据。有人认为，白洞并不存在。因为，白洞外部的时空性质与黑洞一样，白洞可以把它周围的物质吸积到边界上形成物质层。只要有足够多的物质，引力坍缩就会发生，导致形成黑洞。另外，按照当前的理论，大质量恒星演化到晚期可能经坍缩而形成黑洞，但并不知道有什么过程会导致形成白洞。如果白洞存在，则可能是宇宙大爆炸时残留下来的。有底的称为洞，无底的称为道。

知识链接

事件视界

事件视界，也叫事象地平面，是一种时空的曲隔界线，指的是在事件视界以外的观察者无法利用任何物理方法获得事件视界以内的任何事件的信息，或者受到事件视界以内事件的影响。因为即使速度快如光也无法脱出事件视界的范围，因此又演绎出"视界"的译词，作为外界观察者可看见范围的界线。事件视界所包住的时空对外界的观察者而言看起来是黑的，而出现了"黑洞"这一名称。

虫洞可以让人乾坤大挪移？

虫洞，又称爱因斯坦－罗森桥，是宇宙中可能存在的连接两个不同时空的狭窄隧道。虫洞是 1930 年由爱因斯坦及纳森·罗森在研究引力场方程时假设的，认为透过虫洞可以做瞬间的空间转移或者时间旅行。早在 19 世纪 50 年代，已有科学家对"虫洞"做过研究，由于当时历史条件所限，一些物理学家认为，理论上也许可以使用"虫洞"，但"虫洞"引力过大，会毁灭所有进入的东西，因此不可能用在宇宙航行上。随着科学技术的发展，新的研究发现，"虫洞"的超强力场可以通过"负能量"来中和，达到稳定"虫洞"能量场的作用。科学家认为，相对于产生能量的"正物质"，"反物质"也拥有"负质量"，可以吸取周围所有能量。像"虫洞"一样，"负质量"也曾被认为只存在于理论之中。不过，当前世界上的许多实验室已经成功地证明了"负质量"能存在于现实世界，并且通过航天器在太空中捕捉到了微量的"负质量"。科学家指出，如果把"负质量"传送到"虫洞"中，把"虫洞"打开，并强化它的结构，使其稳定，就可以使太空飞船通过。

知识链接

反物质

反物质，是反粒子概念的延伸，反物质是由反粒子构成的，如同普通物质是由普通粒子所构成的。例如一颗反质子和一颗反电子（正电子）能形成一个反氢原子，如同电子和质子形成一般物质的氢原子。此外，物质与反物质的结合，会如同粒子与反粒子结合一般，导致两者湮灭，且因而释放出高能光子或是其他能量较低的正反粒子对。正反物质湮灭所造成的粒子，赋予的动能等同于原始正反物质对的动能加上原物质静止质量与生成粒子静质量的差，后者通常占大部分。2010年11月17日，欧洲核子研究中心（CERN）科学家在实验中首次成功捕获反物质。

part 7

探索宇宙奥秘的工具

星星的明暗分等级吗？

为了衡量星星的明暗程度，天文学家创造了星等这个概念，表示方法记为m。天文学上规定，星的明暗一律用星等来表示，星等数越小，说明星体越亮，星等数每相差1，星的亮度大约相差2.5倍。星等一般指目视星等。星等这个概念最早是由古希腊天文学家喜帕恰斯提出的。

天文学家把光度大的恒星叫作巨星，光度小的称为矮星。光度比巨星更强的叫超巨星。从表面积越大光度也越大的规律可以知道，光度大的巨星，体积也大；光度小的矮星，体积也小。太阳是一颗黄色的矮星，相比之下光度比较弱，但还有比它更弱的矮星。

太空中有一等星21颗、二等星46颗、三等星134颗、四等星458颗、五等星1476颗、六等星4840颗，共计6974颗。

有了星等，就可以算出恒星的年龄，也可以在赫罗图上去查它们已到了什么位置，还可以知道它们最终离开我们的时间。

▶夜空中明暗不等的星星

▶牛顿的万有引力定律为人类正确认识自然开启了一扇门

宇宙中的一切都存在引力？

　　自然界中任何两个物体都是相互吸引的，引力的大小与两物体的质量的乘积成正比，与两物体间距离的平方成反比。简单说来，就是两物体的质量越大引力越大，距离越远引力越小。牛顿最初对万有引力的猜想是：地球与太阳之间的吸引力与地球对周围物体的引力可能是同一种力，遵循相同的规律。他主要是通过观察行星与太阳的关系来找自己论点的依据，首先行星与太阳之间的引力使行星不能飞离太阳，物体与地球之间的引力使物体不能离开地球；其次，在离地面很远的距离，都不会发现重力有明显的减弱，那么这个力必然延伸到很远的地方。而海洋被月球所吸引也是这种引力存在的有力佐证。

　　万有引力定律的发现，是 17 世纪自然科学最伟大的成果之一。它把地面上物体运动的规律和天体运动的规律统一了起来，对以后物理学和天文学的发展具有深远的影响。它第一次解释了一种基本相互作用（自然界中四种相互作用之一）的规律，在人类认识自然的历史上树立了一座里程碑。

如何测定天体的准确位置?

▶ 射电望远镜可以很好地接收宇宙射线

对于历史悠久的天文学而言，射电天文学使用的是一种崭新的手段，为天文学开拓了新的园地。"20世纪60年代四大天文发现"有：类星体、脉冲星、星际分子和微波背景辐射，都是利用射电天文手段获得的。从前，人类只能看到天体的光学形象，而射电天文则为人们展示出天体的另一侧面——无线电形象。由于无线电波可以穿过光波通不过的尘雾，射电天文观测就能够深入到以往凭光学方法看不到的地方。银河系空间星际尘埃遮蔽的广阔世界，就是在射电天文诞生以后，才第一次为人们所认识。用以测定宇宙年龄的宇宙微波背景辐射也是利用射电天文方法获得的。

知识链接

秒差距

　　秒差距是一个便于理论计算的距离单位，1秒差约等于3.262光年或206265天文单位，或30.857万亿千米。秒差距的概念来源于恒星视差。天文学上定义从恒星的位置看地球公转轨道长半径所张的角度称为该恒星的周年视差，简称视差。恒星距离越远，视差值越小。视差常以角秒为单位。

引力坍缩是宇宙的"吸星大法"？

　　引力坍缩是天体物理学上恒星或星际物质在自身物质的引力作用下向内塌陷的过程，产生这种情况的原因是恒星本身不能提供足够的压力以平衡自身的引力，从而无法继续维持原有的流体静力学平衡，引力使恒星物质彼此拉近而产生坍缩。在天文学中，恒星形成或衰亡的过程都会经历相应的引力坍缩。引力坍缩被认为是 Ib 和 Ic 型超新星以及 II 型超新星形成的机制，大质量恒星坍缩成黑洞时的引力坍缩也有可能是 γ 射线暴的形成机制之一。由于在引力坍缩中很有可能

▶ 引力坍缩现象模拟

伴随着引力波的释放，通过对引力坍缩进行计算机数值模拟，以预测其释放的引力波波形是当前引力波天文学界研究的课题之一。

引力坍缩有三种类型：恒星形成中引起的引力坍缩，恒星衰亡中的引力坍缩，II型超新星的引力坍缩。星体在引力坍缩过程中形成致密天体，这也是黑洞形成的机制。

宇宙是一个无限大的球体？

天文学家为了研究的方便，将无限空间想象成一个与地球同心的球体，天球是一个想象的旋转的球，理论上具有无限大的半径，与地球同心。天空中所有的物体都想象成是在天球上。与地球相对应，它有天道、天极。天空中的一切都不是仅凭我们的肉眼就能够判断出距离的。正因如此，我们仅能通过它们的朝向来确定其在天空中的位置。于是，天球就成了一个很有用的天文定位的工具了。根据观测位置的不同，具有不同的天球中心。严格地说，不同的观测者有不同的天球中心。在地面上观测时，观测者的眼睛就是天球中心，这样建立起来的天球叫作地面天球。

如果从地心观测，则叫作地心天球。把地轴无限延长，就是假想的天轴，地球北极指的一点是北天极，地球南极指的一点就是南天极。通过地球中心和天轴垂直的平面叫作天赤道面。天赤道面和天球的汇合处就是天赤道。

太阳在天球上每天移动约 1°，一年则移动一周，这称为太阳周年视运动。太阳中心在天球上视运动的轨迹就是黄道。

▶数学知识是天文学发展不可或缺的工具

红移现象的理论基础是什么?

天体是走近我们还是远离我们,可以通过多普勒效应来判断。多普勒是如何发现这一规律的呢?

原来,有一天多普勒带着他的孩子沿着铁路散步,突然一列火车从远处开来。多普勒注意到,火车在靠近他们时汽笛声越来越刺耳,然而就在火车通过他们身旁的一刹那,汽笛声的声调突然变低了。随着火车的远去,汽笛声的响度逐渐变弱,直到消失。这个平常的现象吸引了多普勒的注意,他想,为什么汽笛声的声调会变化呢? 他抓住这个问题,潜心研究了多年。

通过研究他发现,当观察者与声源相对静止时,声源的频率不变;然而当观察者与声源之间相对运动时,则听到的声源频率发生变化。最后他总结：观察者与声源的相对运动决定了观察者所收到的声源频率。多普勒之后，人们发现他这一理论不仅在声学和光学中适用，在电磁波等研究领域也有广泛的用途。比如说，美国天文学家哈勃所发现的天体红移现象就是在"多普勒效应"的基础上诞生的。在运动的波源前面，波被压缩，波长变得较短，频率变得较高（蓝移blueshift）；在运动的波源后面，会产生相反的效应，波长变得较长，频率变得较低（红移redshift）；波源的速度越大，所产生的效应越大。根据波红（蓝）移的程度，可以计算出波源循着观测方向运动的速度。所有波动现象都存在多普勒效应。

▶通过对光谱的分析，人类知道了天体的运动情况

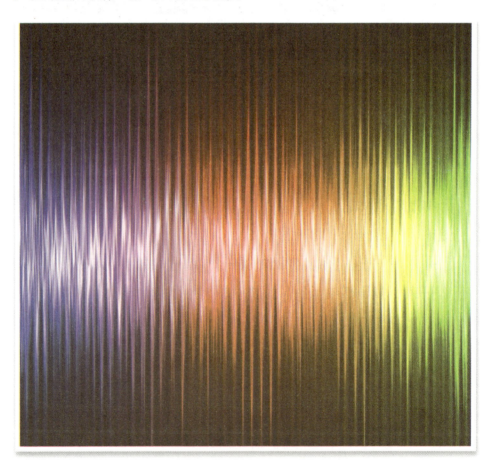

两颗恒星可以手拉手散步？

联星是两颗恒星各自在轨道上环绕着共同质量中心的恒星系统，较亮的一颗称为主星，而另一颗称为伴星、伴随者，或是第二星。

联星在天文物理学上是非常重要的，因为可以从它们的轨道直接推导出质量的成分，这又可以推导出恒星的其他参数，如半径和密度，都可以间接地估算；还可以依据质—光关系（MLR）测量的经验，估计个别恒星的质量。

如果联星成员的距离足够近，其引力足以引起外层大气的扭曲。在这样的情形下，这些密近双星系统会改变质量，这或许会带动恒星演化达到单独的恒星不能达到的阶段。这种联星的例子如大陵五（一颗食联星）、天狼星和天鹅座Ｘ－１（它的成员之一可能是黑洞）。联星通常也是许多行星状星云的核心和新星与Ⅰa超新星的始作俑者。

依据观测方法的不同，联星可以分成四种类型：目视联星，直接观测；光谱联星，观测谱线的周期性变化；食联星，观测食造成的光度变化；天测联星，测量看不见的伴星造成的位置变化。一对联星可以同时属于好几种不同的类型，例如，有些光谱联星也是食联星。

 联星

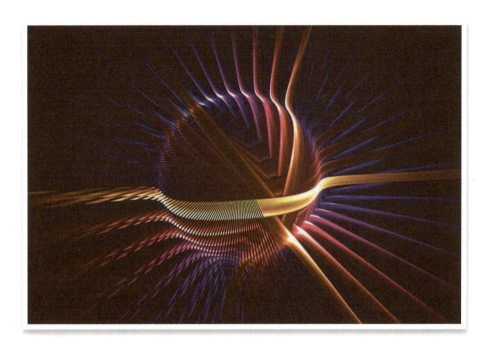

▶光速是宇宙中的最快速度

宇宙间的最快速度用什么来测定？

　　光速是自然界物体运动的最快速度。光速与观测者相对于光源的运动速度无关。物体的质量将随着速度的增大而增大，当物体的速度接近光速时，它的动质量将趋于无穷大，所以质量不为 0 的物体达到光速是不可能的。只有静质量为零的光子，才始终以光速运动着。光速与任何速度叠加，得到的仍然是光速。真空中的光速是一个重要的物理常量。

　　千万不可以用低速条件下机械波的近似规律去硬套光波。作为狭义相对论基本假设之一的光速不变原理，永远指的是真空中的光速 C 不变，它是基本物理常数之一。如果有介质，就需要利用相对论速度叠加公式去求光速，对光速不变原理的正确理解，是正确理解狭义相对论的关键之一。

宇宙天体为何都是球状的？

　　天文物理学中，在恒星内部给定的任何一层，都是在热压力（向外）和在其外物质的质量产生的压力（向内）平衡的状态，这种平衡称为流体静力平衡。流体静力平衡是恒星不会向内坍缩（内爆）或爆炸的原因。

　　恒星就像一颗气球，在气球中，气球内部的气体向外挤压，大气压力和弹性材料提供足够的向内的抵抗压力，使气球的内外压力平衡。

▶ 流体静力平衡使炙热的天体最终呈现球形

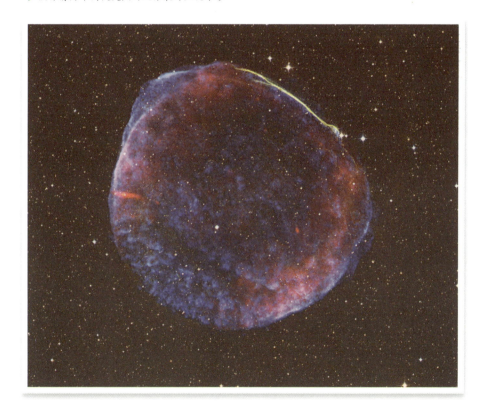

对于恒星来说，恒星内部的质量提供向内的压力，各向同性的重力场压缩恒星使它成为最紧凑的形状：球形。

但是请注意，一颗恒星只能成为理想的球体，原因是只与自身的重力相关。在实际的情况下，所有其他的力都是改变且向外的，最常被注意到的就是由恒星自转产生的离心力。一颗自转的恒星会依据其角速度成为在流体静力平衡下的椭球体。在此点上，它将成为雅可比（不规则）椭圆，更大的旋转速度就会使之形成梨形。一个极端的例子就是织女星，它的自转周期是 12.5 小时，因此它的赤道比两极胖了约 20%。

知识链接

离心力

当物体在做非直线运动时，因物体一定有本身的质量存在，质量造成的惯性会强迫物体继续朝着运动轨迹的切线方向（原来那一瞬间前进的直线方向）前进，而非顺着接下来转弯的方向走。

若这个在做非直线运动的物体（如车）上有乘客的话，乘客由于同样随着车子做转弯运动，会受到车子向乘客提供的向心力，但是若以乘客为参照系，由于该参照系为非惯性系，也会受到与之相对静止的车子提供的一个指向圆心的向心力作用，但同时也会给车子一个反向等大、由圆心向外的力，就好像没有车子就要被甩出去一样，这个力就是所谓的离心力。

▶宇宙物质如弦一样存在

宇宙物质排列如弦线一样?

　　科学家将计算数字与动态物质之间联系发现,宇宙物质运动与排列是有规律的。宇宙物质无论在空间任何区域,物质到宇宙边缘线这段直线距离里,物质在空间分布距离是呈几何倍数排列。物质的排列不是成一条直线,而是向宇宙中心偏移,越过物质排列几何倍数半径后,逐步向宇宙边缘延伸,形成一条弧线。这条线像琴弦,在不断地变动,所以把它称为"宇宙弦线"。"宇宙弦线"与物质空间球型弧面刚好相反。

科学家们还认为，宇宙弦是宇宙的遗迹，在宇宙大爆炸之初的极短瞬间形成，过程类似于"结晶"。在大爆炸的一瞬间，宇宙空间本身变成由弦状物质组成的间断立体面。这有点类似于界限之间形成晶体颗粒，在凝固的液体或裂缝形成时，水冻结成冰。它应出现于宇宙极早期，时间在大爆炸之初 0 ~ 1 秒的极短瞬间。宇宙弦的产生可以认为是宇宙大爆炸后宇宙空间的冷却。一些宇宙学家认为，空间也有自己的纹理，由弦或其他纹理构成，当宇宙中的物质冷却下来时，就形成了星系。

最具穿透力的粒子是什么?

中微子，又译作微中子，是轻子的一种，也是组成自然界的最基本的粒子之一，常用符号 ν 表示。中微子不带电，自旋为 1/2，质量非常轻（小于电子的百万分之一），以接近光速运动。

中微子只参与非常微弱的弱相互作用，具有最强的穿透力，能穿越地球直径那么厚的物质。在 100 亿个中微子中只有一个会与物质发生反应，因此中微子的检测非常困难。正因为如此，在所有的基本粒子中，人们对中微子了解最晚，也最少。实际上，大多数粒子物理和核物理过程都伴随着中微子的产生，例如核反应堆发电（核裂变）、太阳发光（核聚变）、天然放射性（贝塔衰变）、超新星爆发、宇宙射线等。宇宙中充斥着大量的中微子，大部分为宇宙大爆炸时所残留，大约为每立方厘米 100 个。

1998 年，日本超神冈（Super‑Kamiokande）实验组以确凿的证据发现了中微子振荡现象，即一种中微子能够转换为另一种中微子。这间接证明了中微子具有微小的质量。此后，这一结果得到了许多实验的证实。中微子振荡尚未完全研究清楚，它不仅在微观世界最基本的规律中起着重要作用，而且同宇宙的起源与演化有关，例如宇宙中物质与反物质的不对称很有可能是由中微子造成的。

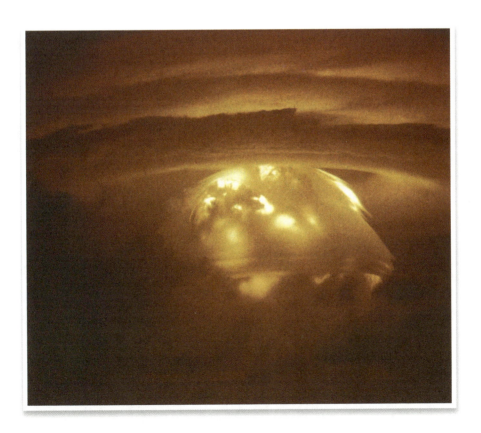

▶ 核聚变是产生微子的机制

光谱分类对了解宇宙有什么重要意义？

　　光学频谱，简称光谱，是复色光通过色散系统（如光栅、棱镜）进行分光后，依照光的波长（或频率）的大小顺次排列形成的图案。光波是由原子内部运动的电子受激发后由较高能级向较低能级跃迁产生的。各种物质的原子内部电子的运动情况不同，所以它们发射的光波也不同。

　　光谱中最大的一部分可见光谱是电磁波谱中人眼可见的一部分，

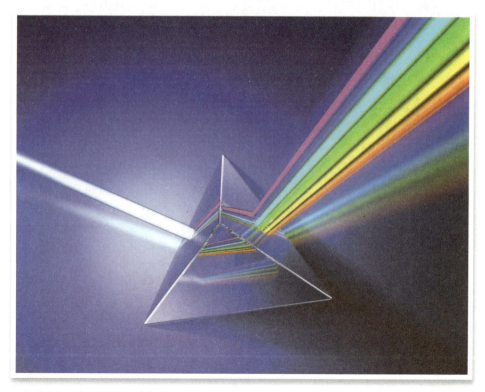

▶把光分解是牛顿为人类研究宇宙做出的又一贡献

▶人类通过光谱分析，了解宇宙天体与地球的距离

在这个波长范围内的电磁辐射被称作可见光。光谱并没有包含人类大脑视觉所能区别的所有颜色，譬如褐色和粉红色。研究不同物质的发光和吸收光的情况，有重要的理论和实际意义，这已成为一门专门的学科——光谱学。

光谱还分为以下几种：

物体发光直接产生的光谱叫作发射光谱。发射光谱有两种类型：

连续光谱和明线光谱。

狭窄谱线组成的光谱叫线状光谱。单原子气体或金属蒸气所发的光波均有线状光谱，故线状光谱又称原子光谱。当原子能量从较高能级向较低能级跃迁时，就辐射出波长单一的光波。原子光谱按波长的分布规律反映了原子的内部结构，每种原子都有自己特殊的光谱系列。通过对原子光谱的研究可了解原子内部的结构，或对样品所含成分进行定性和定量分析。

由一系列光谱带组成的光谱称为带状光谱，它们是由分子所辐射的，故又称分子光谱。利用高分辨率光谱仪观察时，每条谱带实际上是由许多紧挨着的谱线组成的。带状光谱是分子在其振动和转动能级间跃迁时辐射出来的，通常位于红外或远红外区。通过对分子光谱的研究可了解分子的结构。

连续分布的包含有从红光到紫光各种色光的光谱叫作连续光谱。炽热的固体、液体和高压气体的发射光谱是连续光谱。例如电灯丝发出的光、炽热的钢水发出的光都形成连续光谱。

part 8

天文与地理

宇宙博物馆

太阳什么时间离赤道最远？

至点（亦称二至点）可以是太阳在一年之中离地球赤道最远的两个时间中的任何一个，因为在至点时，太阳直射的地球纬度是它能抵达的最南或最北的极值，而至点所在之日是一年之中日夜长短差异最大的一天。至点和分点通常与季节有关，在一些区域它们被当作季节的起点或分界点。

▶ 四季的变化对于地球是非常重要的

至点可以由成对的不同名称来区分，因其侧重表达之不同分为以下两种情形：

夏至和冬至是最常用的名称。然而，这样还是模棱两可的，因为南半球和北半球的季节是相对的，当在一个半球是夏至时，另一个半球则是冬至。

北至点和南至点明确表示出太阳运动的方向。北至点出现在地球的 6 月，此时太阳在北半球运行至巨蟹宫；南至点在 12 月，太阳在南半球运行至摩羯宫。

知识链接

经纬度

人们给地球表面假设了一个坐标系，这就是经纬度线。经度是地球上一个地点离一根被称为本初子午线的南北方向走线以东或以西的度数。纬度是指某点与地球球心的连线和地球赤道面所成的线面角，其数值为0°～90°。经纬度是经度与纬度的合称组成一个坐标系统，又称为地理坐标系统。

潮汐是什么原因引起的?

潮汐是一种很规律的海面升降变化，海水位涨到最高时，称为高潮或满潮；海水位退到最低时，则称为低潮或浅潮。造成潮汐的主要因素，是由月球和太阳对地球在不同位置所造成的影响，每个月的满月或是新月时，太阳、月球与地球成一直线，强大的引力形成大潮。而在上弦月或下弦月时，因太

▶ 月球对地球的引力是形成潮汐现象的主要原因

阳与月球对地球的引力方向不同，海水涨退高度差距较小，因而出现小潮。

潮汐现象同样会在固体物质上发生。如固体地球在日、月引潮力作用下引起的弹性形变（任何物体在外力作用下都会发生形变，当形变不超过某一限度时，撤走外力之后，形变能随之消失，这种形变称为弹性形变）—塑性形变（如果外力较大，当它的作用停止时，所引起的形变并不完全消失，而有剩余形变，称为塑性形变），称固体潮汐，简称固体潮或地潮。海水在日、月引潮力作用下引起的海面周期性的升降、涨落与进退，称海洋潮汐，简称海潮。

▶ 日食演示图　　　　　　　　　　　　　　　　　　▶ 月食的渐变图

太阳、月亮与地球在一条直线上时会出现什么现象?

月球运动到太阳和地球中间，如果三者正好处在一条直线上时，月球就会挡住太阳射向地球的光，月球身后的黑影正好落到地球上，这时会发生日食现象。在地球上月影里（月影：月亮投射到地球上产生的影子）的人们开始看到阳光逐渐减弱，太阳面被圆的黑影遮住，天色转暗，全部遮住时，天空中可以看到最亮的恒星和行星，几分钟后，从月球黑影边缘逐渐露出阳光，开始发光、复圆。由于月球比地球小，只有在月影中的人们才能看到日食。月球把太阳全部挡住时发生日全食，遮住一部分时发生日偏食，遮住太阳中央部分时发生日环食。

日食、月食是光在天体中沿直线传播的典型例证。

▶角动量守恒是地球自转的原因

地球为何会绕轴自转？

要测量一个物体的旋转情况，一种办法就是用"角动量"。一个绕定点转动的物体，它的角动量等于质量乘以速度，再乘以该物体与定点的距离。物理学上有一条角动量守恒定律：一个转动的物体，如果不受外力作用，它的角动量就不会因物体形状的变化而变化。如芭蕾舞演员在旋转中突然把手臂收起来，旋转速度就会加快，就是角动量不变的缘故。形成太阳系的原始星云从初期就带有角动量，在形成太阳和行星系统之后，它的角动量不会损失，可一定会重新分布，各个星体分别从原始星云中得到了一定的角动量。由于角动量守恒，各行星在收缩过程中转速也将越来越快。地球也不例外，它所获得的角动量主要分配在地球绕太阳的公转、地月系统的相互绕转和地球的自转中，这就是地球自转的原因。

人类通过什么方法去找到行星？

　　太阳系的行星对于人类来说是很容易发现的，可那些系外行星是通过什么方法来发现的呢？原来科学家发现，当水星或金星从太阳前面经过的时候，在地球上看太阳，便会看到在太阳前面有它们像黑痣一样的投影。"凌日法"便是通过捕捉行星经过恒星时使恒星表面出现微小的明暗变化来检测行星存在的方法。为更准确地测出行星的存在，科学家还需要用到多普勒方法，这两者测量结果一致，就可以知道行星的存在。不过由于观测者所看到的星体轨道面不一定与实际上的轨道面相一致，使用凌日法时往往需要同时观测多颗星体。

▶人类通过"凌日法"发现行星